허수아비와 춤을

김선미 디카시집

도서출판 실천

허수아비와 춤을
한국디카시학 시인선 012

초판 1쇄 인쇄 | 2023년 2월 13일
초판 1쇄 발행 | 2023년 2월 20일

지 은 이 | 김선미
펴 낸 이 | 민수현
엮 은 이 | 이어산
기 획 · 제 작 | 한국디카시학
발 행 처 | 도서출판 실천
등 록 번 호 | 제2021-000009호
등 록 일 자 | 2021년 3월 19일

서울사무실 | 서울특별시 종로구 율곡로 6길 36
　　　　　　02)766-4580, 010-6687-4580

편 집 실 | 경남 진주시 동부로 169번길 12 윙스타워 A동 810호
전 　 　 화 | 055)763-2245, 010-3945-2245
팩 　 　 스 | 055)762-0124
전 자 우 편 | 0022leesk@hanmail.net
편 집 · 인 쇄 | 도서출판 실천
디자인실장 | 이예운　디자인팀 | 변선희, 이청아, 김승현

ISBN 979-11-92374-16-1
값 12,000원

* 이 책은 전부 또는 일부 내용을 재사용하려면 저작권자와 '도서출판 실천'의 동의를 받아야 합니다.
* 이 책의 국립중앙도서관 출판예정도서목록(CIP)은 서지정보유통지원시스템(http://seoji.nl.go.kr)과 국가자료종합목록시스템(http://www.nl.go.kr/kolisnet)에서 이용하실 수 있습니다.
* 잘못된 책은 교환해드립니다

허수아비와 춤을

김선미 디카시집

■ 시인의 말

사는 게 인연이라 생각 되는 날
사람과 사람, 사람과 자연, 사람과 글도
보이지 않은 인연에
필연으로 만날 수 밖에 없는 지난 날들을 돌이켜 봅니다

디카시라는 행운의 길 손을 만나
함께 밥을 하고 국을 끓이고 반찬을 만들어 온 지 다섯 해 째
삶이 경이로웠던 순간들

재미났다
여행을 좋아하고 사진 찍기 좋아하고 글 쓰기 좋아하는
삼박자의 하모니,
하루하루 감사하는 디카시,
내일의 여명을 기다리는 황홀

이끌어 주신 교수님,
평생 함께한 남편 고맙고 사랑합니다
나의 보배들과 이 기쁨을 나누고 싶습니다
지영, 나영, 성준
서서방, 김서방, 예쁜 며느리 리현
손주 준영, 채은, 도유, 하온, 윤도

2023 새봄을 기다리며
지은이 김선미

■ 차례

1부 에덴의 동쪽

허수아비와 춤을 · 12
세월의 더께는 쌓여가고 · 14
기억을 털다 · 16
새해 소망 · 18
한마음 · 20
유혹 · 22
세 스님 · 24
에덴의 동쪽 · 26
귀저귀 친구 · 28
혹하다 · 30
날개 · 32
일그러진 얼굴 · 34
녹두 빈대떡 · 36

2부 섬, 섬에서 섬이 되다

부엉이 · 40

연서 · 42

만추 · 44

우린 영원한 친구야 · 46

섬, 섬에서 섬이 되다 · 48

어머니 생각 · 50

원앙금침 · 52

동반자 · 54

송이도 석굴 · 56

누드화 · 58

아침 밥상 · 60

맨드라미 · 62

마음의 창 · 64

3부 남기고 지우는 것들

무당거미 · 68

신의 손 · 70

세 친구 · 72

여인들 · 74

백의민족 · 76

남기고 지우는 것들 · 78

똑똑이 · 80

고흐의 행적을 찾아서 · 82

마이더스의 손 · 84

바구리 배 · 86

놓고 가다 · 88

베레모 총각 · 90

만추 · 91

4부 빈집

우리는 · 96

빈집 · 98

북두칠성 · 100

막내가 태어났어요 · 102

초대 · 104

육체미 · 106

세월이 흐른 후 · 108

결실 · 110

그럴까 · 112

메롱 · 114

일처다부 · 116

곡예사의 첫사랑 · 118

어머니 사랑 · 120

열정 · 122

어김없이 생명은 태어나고 · 124

시집 해설_ 공광규 시인 · 126

1부

에덴의 동쪽

허수아비와 춤을

평사리 들판에서 잔치가 벌어졌다

해방되던 날 최참판네 곳간은 열리고

서희 동네 사람들을 불러모았다

참새와 허수아비도 덩실덩실

부부나무도 흔들흔들 춤추고

세월의 더께는 쌓여가고

양반가 어른들은 어디가고

고즈넉한 풍취만 남았을까

고랑이 마다 바람결 드나들고

항아리 속엔 숨결소리 들리는데

기억을 털다

정들었던 시냇가

함께 놀던 친구는 어디 가고

나만 홀로 남아

옛일을 그리워하는 걸까

그리움은 수북이 쌓이는데

새해 소망

너 꿈이 뭐니

아인슈타인이 되고 싶어요

퀴리 부인이 되고 싶어요

히포크라스가 되고 싶어요

아니 아니 엄마 아빠처럼 될래요

한마음

쉿 애들아 조용

잡았다

저런 아기게잖아

살려주자 그래그래

유혹

소녀는 귀엣말을 하며

속삭인다

세상에서 네가 가장 아름답다고

세 스님

탁발 나선 스님들

발걸음 옮기는데

앞길 막는 소나무

사연 듣고 가라하네

에덴의 동쪽

고흐도 붓을 꺾고 돌아서고

이백도 입을 다물 수 밖에 없었던

눈 시릴 풍경이 그곳에 있었다

기저귀 친구

우린

엄마 아빠 사랑 속에 피어난 꽃

오래 오래

우정 이어가자고

손가락 걸고 약속했어요

혹하다

하늘이

꼼지락 꼼지락 하더니

한 줌 비를 뿌렸다

순간 일곱 가지 색으로

희망의 그림문자는 뜨고

날개

세상에 두려움과 아픔이 있다면 내게로 오세요

때로는 밝음보다 어두움이 필요할 때도 있어

그댈 위해 밤새 날개깃을 키웠어요

이곳 안식처에서 슬픔을 말리고 가세요

한결 마음이 호수처럼 잔잔해질 거예요

일그러진 얼굴

모진 세파를 견뎌온

정이품 소나무

장하면서 애잔해라

녹두 빈대떡

엄마 까치가 말했다

애들아 오늘은 간식으로

따끈한 빈대떡 만들었다

날씨가 쌀쌀하니

맛있게 먹으렴

2부

섬, 섬에서 섬이 되다

부엉이

꽃잔치가 열렸다기에

잠 깨고 구경 나왔어요

가지각색 국화 코스모스

핑크뮬리 너무 예뻐요

꽃 지기 전에 서두르세요

연서

밤새 쓴 사랑의 편지

바람이 기웃대더니

그대 창가에 펼쳐 놓았네

만추

시골 학교 운동장

와글와글 아이들 떠드는 소리

추수 끝낸 부모님과

네 강아지들도 구경 왔던

대 운동회 날

우린 영원한 친구야

계절의 여왕 오월에

흑장미 꽃으로 피었어요

엄마 아빠 우리 다른 이름으로

대 한 민 국 만 세 어때요

섬, 섬에서 섬이 되다

천년 역사와 삼천 개 섬들

청빛 맑은 물은 용이 솟아나올 듯

하롱베이 이곳에서

할 말을 잃은

어머니 생각

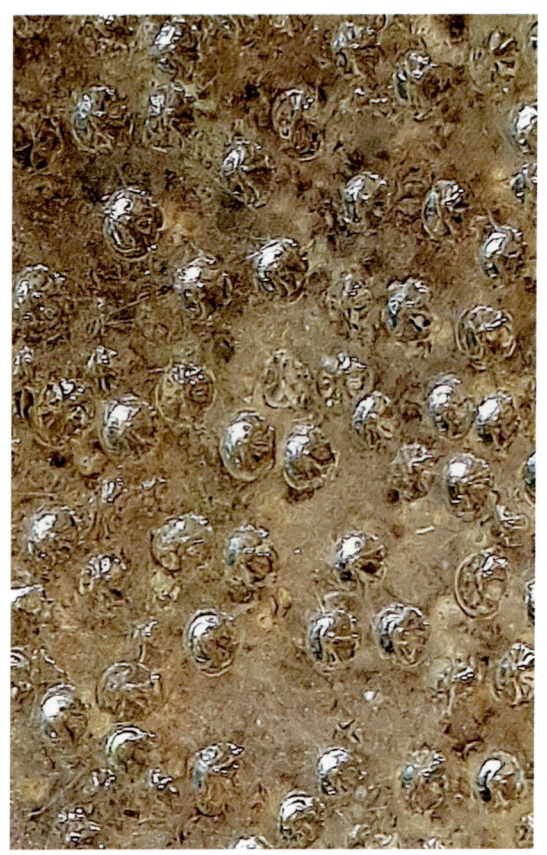

생명이 움트는 소리

흑진주들 데굴데굴

목걸이 하나 없었던 내 어머니

실에 꿰어 목에 걸어 드렸으면

원앙금침

고이고이 키운 딸

혼수로 반닫이 장만하고

무명 솜 타 밤새 바느질하신

어머니 콧노래가 들려온다

지금은 어디에서 지켜보실까

동반자

바다를 놀이터 삼아

창공을 마음껏 날아

너희도 짝을 만나

한평생 멋지게 사는구나

그만하면 멋진 삶 맞지

송이도 석굴

흰 몽돌 만든 손으로

서쪽으로 창을 내었소

붉디붉은 노을이 깃들면

바닷물 갈라지는 각이도까지

성큼성큼 갯벌을 걷다 오겠소

누드화

모딜리아니는 누드화 모델로

사랑하는 잔을 그렸을까

생전에 환영받지 못했던 그들

다른 세상에서 마음껏 사랑하며

예술혼을 불태우고 있겠지

아침 밥상

곱게 차린 밥상을

파도가 한입 베어 물려고

쿠르르 달려온다

맨드라미

붉은 꽃 한 송이

환하게 피우기 위해

가을볕 따갑게 쬐고

큼직한 화관 만들어

그대를 기다립니다

마음의 창

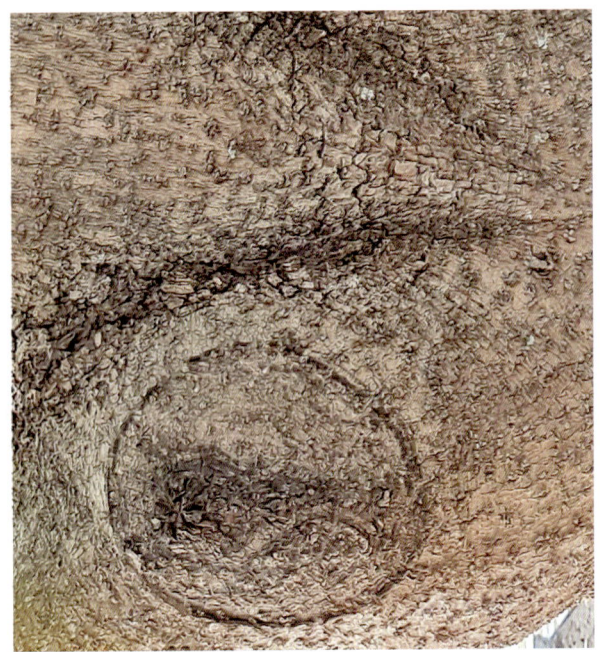

속울음이 그렁그렁

쏟아져 내릴 듯해

눈을 감아보려 애써보지만

3부

남기고 지우는 것들

무당거미

알록달록 예쁘게 단장하고

널 기다리고 있어

곧 굿판이 벌어질 거야

신의 손

무엇을 주랴

부를 줄까

건강을 줄까

뭐라 부와 건강을 주라고

그건 네가 하기 나름이란다

세 친구

살랑살랑 갈바람이 불어오던 날

곱게 단장한 소녀들

오늘은 어디로 나들이 갈까

머리 맞대고 재잘거린다

여인들

세렝게티에 사는 마사이족 여인들

오늘도 물 한 동이씩 머리에 이고

숲길을 간다

코끼리 사자 기린도 이때는 잠시

길을 터주고 쉼의 시간에 머문다

백의민족

고요한 아침의 나라

흰색을 좋아한 민족이 있었다

예의 바르고

조상을 섬기는

은근과 끈기의 나라

남기고 지우는 것들

새는 살아서 발자국을 남기고

파도는 살아서 발자국을 지운다

그럼 난 무얼 남기고 지울까

똑똑이

엄마 뭐처럼 보여요

글쎄 주전자 아닐까

난 달팽이 같은데요

아니 아니 피노키오 코 같아요

강아지가 가만히 말한다 감인데

고흐의 행적을 찾아서

별이 빛나는 밤에

한 걸음 한 걸음 미궁 속으로

흔들리는 시간 속 찾아

화가는 저 길을 따라갔나 보다

마이더스의 손

못할 게 없는 만능의 손

만든 자 누구일까

그의 손이 바로 주인공

바구리 배

강물 따라 뒤뚱뒤뚱

밀림 속을 나아간다

바구리 속엔 조마조마한 얼굴들

첫경험이라며

환호하며 지나간다

놓고 가다

얼마나 바쁘셨길래

꼬리만 두고 가셨나요

기다리면 오시겠죠

어디서 보시걸랑 말해주세요

오실 때까지 기다린다구요

베레모 총각

내가 살던 곳에는

군인들 모자가 멋져

우리들도 빨간 모자를 써요

어여쁜 색싯감 있다길래

밤을 새워 날아왔어요

만추

평사리 넓은 벌에

올곧은 소나무 두 그루

최참판네 누런 벼는

배고픔을 달래주고

서희 닮은 홍시 한 알

참새가족 진수성찬

4부

빈집

우리는

태어난 곳은 달라도

사는 곳은 같아요

강남에 사는 강남 스타일

이름은 달콩이와 쿠숑

우리는 해피 바이러스예요

빈집

자식 여우살이 시켜 서울로 보내고

어머니는 고향을 지키신다

보고픔에 한 숨은 깊어지고

북두칠성

깜깜한 밤

북쪽 하늘에 있는 북두칠성

우리 마을이 궁금해

살금살금 내려와

측백나무 가지 위에 앉았어요

막내가 태어났어요

끝난 게 끝난 거 아냐

보라

저 찬란한 생명을

초대

애들아 오늘은 내가 귀빠진 날

와서 맘껏 먹으렴

친환경 밥상이야

육체미

체력은 국력

그러기 위해선

튼튼한 몸을 만들자

세월이 흐른 후

병약했던 윤 초시 손녀딸은

병이 나아 어른이 되었다

다시 찾은 양평

소나기는 내리는데

소년은 간 곳이 없고

결실

햇볕과

바람과 빗물이 만든

저 황홀을 보아라

그럴까

아기가 귀하다니 걱정이야

우리라도 많이 낳아서

지구를 지켜줄까

메롱

지나가던 아이가 말했다

돌로 태어나서 답답하겠다

전혀 그렇지 않아

정말 답답한 건 돌대가리야

보렴, 난 이렇게 표현할 수 있단다

일처다부 一妻多父

일부다처가 제일 싫어요

일처다부도 싫구요

일부일처가 최상이지요

이렇게 살아야 하나요

그게 운명인가 봐요

곡예사의 첫사랑

줄을 타면 행복했어

유행가 가사처럼

환호하는 사람들을 보며

내가 최고라는 걸 실감했어

어머니 사랑

아가 입 크게 벌려봐

엄마가 보드랍게 씹었으니

꿀꺽 삼키렴

어릴 때 먹었던 이유식

열정

그런 날들이 있었지요

당신을 그리워하다

뜬 눈으로 밤을 지새우다

가슴은 활활 타올라

붉은 마음이 꽃이 되었지요

어김없이 생명은 태어나고

어두운 몸짓에

뽀시시한 얼굴

누가 이들을 깨웠나

□ 김선미 디카시 해설

순간포착의 감각과
서정적 언술의 매력

공광규 시인

1.

디카시는 발견 된지 얼마 되지 않은 매우 짧은 역사를 가진 예술양식이다. 그 발상지가 대한민국이고 대한민국 안에서는 고성이다. 디카시를 발명하고 정착시키고 확산시키는데 공헌을 하고 있는 세 인물이 있다. 이상옥과 김종회, 그리고 이어산이다. 대한민국에서 시작된 디카시는 현재 한국문단의 주요 시인들뿐만 아니라 재외동포 문인들, 그리고 한국어를 배우는 외국인들이 많은 관심을 가지고 창작 중이다.

이미 중·고등교과에 디카시가 실렸고, 필자의 디카시는 2019년 고2 전국단위 학력모의고사에도 출제되었다. 뿐만 아니라 2021년 서울 강남구청 출판사에서 강남인강

교재에 필자의 디카시를 수용하여 온라인 전송 신탁사용료를 보내오고 있다. 이것은 디카시가 급속도로 예술 양식으로 제도화가 되어가고 있다는 반증이다. 더불어 현재 국내에 디카시 협회와 지부가 속속 만들어지고 있다. 해외 역시 재외동포나 한국어를 공부하는 외국인을 중심으로 지부가 만들어지면서 디카시 인구는 점점 늘어나는 추세다.

디카시는 문자 예술인 시가 사진기계와 전자기술의 발전으로 새롭게 파생된 예술 양식이라 이해하면 된다. 지금까지 합의된 디카시 창작의 기본공식은 순간 포착의 사진과 촌철살인의 시, 그리고 실시간 SNS 소통이다.(김종회) 다시 말하면 피사체의 현장성과 즉발적 표현력, 그리고 신속한 전달을 특징으로 한다. 순간 포착의 감각과 서정적 언술이 아름답고 매력적인 김선미의 디카시를 제재 중심으로 유형화하여 살펴보면 다음과 같다.

2.

제재 폭이 넓은 김선미의 디카시에 인물은 물론 새와 곤충 등 동물들이 다수 등장한다. 전통 시 양식처럼 디카시에서도 시인들은 동물을 피사체나 제재, 아니면 언술의 대상으로 많이 사용된다. 하지만 동물을 이야기하기 위해서가 아니다. 인간을 이야기하기 위한 보조 수단으로 동물을 언술한다. 수사법에서 동물의 생태적 특성을 인간의 행위에 비유하는 방식은 전통적으로 우화에 많이 사용한다.

 김선미의 디카시 「그럴까」 역시 전통적 우화 방식을 계승하고 있다. 이 사진은 비둘기 두 마리가 서로 마주 보고 있다. 왼쪽 비둘기는 자신의 부리를 오른쪽 이마에 대고 있다. 눈은 반쯤 감고 있다. 상대에게 몰두하고 있는 느낌이다. '너 때문에 편하다'라는 느낌일까. '널 지켜주겠다'라는 무언의 메시지일까? 오른쪽 비둘기는 부리를 아래로 내리고 있다. 놀라워하면서도 무장해제 하는 표정이다. 대신에 눈을 크게 부릅뜨고 있다. 표정이 사랑스럽다.

그리고 서로 모이주머니를 맞대고 있다. 아마 가슴일지도 모른다. 가슴과 가슴을 맞댄 모습이 따뜻해 보인다. 두 마리 비둘기는 서로 완전한 한 쌍이다. 이 사진에 시인은 이렇게 언술을 붙인다.

아기가 귀하다니 걱정이야
우리라도 많이 낳아서
지구를 지켜줄까

_「그럴까」 전문

 인간들의 현 세태를 우회하여 비꼬는 전형적 우화다. 이 언술은 요즈음 아이를 낳지 않는 대한민국 상황을 풍자한다. 작가가 비둘기를 등장시켜 사람들이 아이를 낳지 않으니 우리라도 많이 낳아서 지구를 지켜주자며 풍자한다. 갈수록 출생률이 낮아지고 아이를 낳지 않는 세태를 비둘기를 통해 비판하는 것이다. 시인의 가치관과 의지, 세상을 바라보는 윤리관이 한 편의 디카시에 잘 드러난다. 물론, 모든 글과 작품은 작가의 인생에 대한 가치관과 의지, 윤리관을 내포한다.

　디카시 「동반자」 사진은 파도가 너울거리는 바다 위를 횡단하는 갈매기 두 마리를 디카로 포획한 것이다. 갈매기들은 아래위에서 같은 방향을 보면서 날고 있다. 검은 그늘이 섞인 파도와 갈매기 날개 색깔은 거의 비슷하다. 그러나 갈매기 몸은 희어 작은 눈이 검은 점으로 잘 보인다. 갈매기의 표정이 살아있다.

　두 마리 갈매기가 향하고 있는 부리의 방향도 같다. 위에서 날고 있는 갈매기는 날개를 좀 더 강인하게 폈고, 아래에서 날고 있는 갈매기는 날개를 좀 더 부드럽고 둥글게 폈다. 파도가 이는 바다 위를 나는 모습이 조화롭다. 연인이거나 부부일 수 있겠다. 두 갈매기의 표정이 살아있는 이 사진에 시인은 이런 언술을 한다.

바다를 놀이터 삼아
창공을 마음껏 날아

너희도 짝을 만나
한평생 멋지게 사는구나
그만하면 멋진 삶 맞지

_「동반자」 전문

「그럴까」에서는 비둘기, 「동반자」에서는 갈매기가 한 쌍을 이룬다. 어떤 사물에 대한 관심과 표현 속에는 창작자의 인생에 대한 가치관이 담겨있다. 사물은 창작자의 마음을, 윤리와 도덕을 투영한다. 이 간단한, 그러면서도 간단치 않은 디카시 한편 속에서 우리는 시인의 인생관과 보편적 윤리관을 엿볼 수 있다. 이 디카시들은 짝과 함께하는 삶이 '멋진 삶'이라는 것으로 읽힌다.

전통적인 시 창작 방법이지만, 김선미 역시 많은 디카시 편에서 유사성의 원리를 적용한다. 알록달록한 무당거미와 알록달록한 옷을 입는 무당은 유사(「무당거미」)하고, 머리에 붉은색 털을 한 새와 베레모를 쓴 젊은 남자는 유사(「베레모」)하다. 디카시 「초대」는 꽃술에 모여든 벌 사진인데, 꽃을 '친환경 밥상'으로 비유하는 상상력을 발휘한다. 매미 허물을 사진으로 찍고 「빈집」으로 제목을 붙이

기도 한다.

3.

 사물이나 사건을 보는 눈이 밝은 김선미 시에는 식물을 피사체로 한 사진이 다수를 차지한다. 꽃과 열매와 과일이 있고, 나무둥치가 있고, 단풍이 있다. 특히 식물의 어느 한 부분을 근접 촬영한 사진들이 독자를 매혹 시킨다. 사진 구도와 이야기가 될 만한 부분을 채택하는 감각도 남다르다. 천지에 가장 흔한 것이 식물의 종이다. 그렇기에 문예사에서 인간의 희로애락 소재로 식물들이 많이 활용되어왔다. 아마 지금까지 쓴 시를 분석하면 풀, 나무 등 식물 소재가 가장 많을 것이다.
 김선미가 식물을 소재로 한 시 가운데 백미는 〈「북두칠성」이다. 이 사진에 대한 언술이 성공한 이유는 제목에 피사체의 이름을 사용하지 않았기 때문이다. 측백나무 열매를 제목으로 제시하지 않았기 때문이다. 열매 일곱 개를 설명하지 않고 북두칠성으로 상상하고 묘사했다. 누군가 '시는 묘사다'라고 했을 때 좋은 사례가 되는 작품이다.
 김선미 사진의 특징은 근접 촬영이다. 피사체에서 화소가 될 만한 부분을 잘라서 보여주는 방식이다. 이런 방식은 독자에게 색감의 강렬함과 낯선 문양을 보는 놀라움을 가져다주는 효과를 발휘한다. 대개의 사람 들은 일상에서 꽃이나 잎 등 식물 구성 요소를 가까이 보거나 관찰한 경험이 거의 없기 때문이다.

깜깜한 밤
북쪽 하늘에 있는 북두칠성
우리 마을이 궁금해
살금살금 내려와
측백나무 가지 위에 앉았어요

_「북두칠성」 전문

일상에서 그 많은 측백나무 열매를 보고도 사람들은 별을 떠올리지 못한다. 떠올렸더라도 표현할 기회가 없거나 방법을 모른다. 그러나 김선미는 별 모양의 측백나무 열매 일곱 개를 한꺼번에 디카로 포획하여 북두칠성이라 명명한다. 여기서 김선미의 디카 능력과 언술 능력이 빛난다. 더 나아가 별들을 의인화한다. 하늘의 별들이 화자의 마을이 궁금해 하늘에서 내려와 측백나무 가지 위에 앉았다고 한다. 무생의 사물을 활유 하여 감각화 하는 시인의 기량을 이 시편에서 한껏 보여주고 있다.

 망사버섯을 사진으로 찍은 디카시 「세 스님」에서는 모두 머리를 단정하게 하고 노란 법복을 입은 세 스님을 연상케 한다. 정말 수도자 셋이 걸어가는 것만 같다. 사진을 보고 제목을 보는 순간 시가 단번에 심상으로 떠오른다. 구도가 좋은 사진과 내용이다. 색감 있는 피사체를 근접하여 포획하거나, 피사체를 원경으로 포획했더라도 주변을 잘라내어 근접한 사진으로 편집하는 기술은 시인의 높은 미적 의식을 반증한다.

탁발 나선 스님들
발걸음 옮기는데
앞 길 막는 소나무
사연 듣고 가라하네

_ 「세 스님」 전문

 망사버섯에 대한 포착과 포획이 잘 되고, 언술이 적절한 시다. 세 구도자가 걸어가는 모습이 하나도 어색하지 않다. 탁발을 나서는데 소나무가 앞을 가로막는다는 문장의 구성은 많은 세월을 살아온 시인의 인생살이에 대한 이해와 의식을 반영한다. 사바의 세계가 고해이며, 이런 고해를 건너는 범부대중의 사연을 듣고 가라는 뜻이다. 구도자와 범부대중의 삶은 대응된다.

다른 시에서 김선미는 고목에 올라앉아 있는 듯 피어 있는 푸른 이끼를 「녹두 빈대떡」으로 상상하고 비유적 방식으로 언술한다. 붉은 바위를 배경으로 붉은 담쟁이가 흘러내린 색감이 아름다운 풍경을 「에덴의 동쪽」으로 언술하기도 한다. 정이품 소나무의 한쪽 가지가 꺾여 비대칭인 사진을 「일그러진 얼굴」로 언술하는가 하면, 크기가 같은 해바라기 두 개를 「부엉이」로 언술하여 독자들에게 상상의 여지를 안겨준다. 해바라기가 부엉이 눈처럼 둥글다. 이끼가 핀, 아마 팽나무 고목인 듯한 오래된 나무의 옹이를 디카로 포획 한 뒤 「누드화」로 제목을 다는가 하면, 나뭇가지가 찢겨져 나가 나이테가 드러난 사진에서 고흐의 그림 심상을 발견하여 「고흐의 행적을 찾아서」로 제목을 붙였다.

4.

시는 발견이다. 미적 감식안과 서정의 감각이 남다른 김선미는 발견자다. 무생물과 자연풍경의 어느 한 지점을 디카로 포획해 언술하는 시인의 능력이 여기서도 보인다. 특히 「연인들」이 눈에 띈다. 어느 공원의 언덕이나 산기슭에 세워놓은 돌 무리가 피사체이고 시적 대상이며 시의 제재다. 길고 큰 아랫돌에다 작고 동그란 돌을 사람의 머리처럼 올려놓았는데, 여인들이 줄지어 숲길을 가는 모습이다. 시인은 단순한 돌의 무리를 디카로 포획하여 한편의 서사로 만든다.

>   세렝게티에 사는 마사이족 여인들
>   오늘도 물 한 동이씩 머리에 이고
>   숲길을 간다
>
>   코끼리 사자 기린도 이때는 잠시
>   길을 터주고 쉼의 시간에 머문다
>
>   _「여인들」전문

시인은 이 여인들을 물동이를 이고 숲길을 가는 세렝게

티에 사는 마사이족 여인들로 상상한다. 야수들이 많이 사는 곳이지만 이 여인들이 가는 길에 코끼리나 사자들은 보이지 않는다. 여인들이 편히 갈 수 있도록 쉬고 있는 것이다.

디카시 「메롱」은 재질이 서로 다른 돌이 붙은 수석을 묘사하고 있다. 수석의 모양이 입속에서 혀를 꺼내 메롱! 하고 독자를 놀릴 것만 같다. 이처럼 사진을 보고 제목을 읽었을 때 내용과 감각이 와야 성공한 작품이 된다. 대개 성공적인 시들은 이렇게 제목 붙이기에서부터 시작한다. 제목이 사진의 내용을 단순하게 가져오면 실패한다. 제목은 재료가 아니라, 사진이 아니라 다른 것을 지시해야 한다.

지나가던 아이가 말했다
돌로 태어나서 답답하겠다
전혀 그렇지 않아
정말 답답한 건 돌대가리야
보렴, 난 이렇게 표현할 수 있단다

_「메롱」 전문

이 시는 대화어법의 언술을 통해 독자에게 재미를 주는 전략을 취하고 있다. 메롱이라는 구어를 통해 시에 활달한 생명력을 부여하고 있는 것이다. 〈허수아비와 춤을〉도 눈길을 끈다. 벼가 익어가는 하동의 논과 소나무 두 그루, 그 뒤로 보이는 산을 등에 지고 활달한 표정을 하고 있는 피사체를 디카로 잘 잡았다. 하동을 배경으로 한 박경리의 소설 내용을 인유하여 사진을 언술하고 있다. 언술 역시 사진에 부합하여 덩실덩실 흔들흔들 활달하고 정겹다.

평사리 들판에서 잔치가 벌어졌다
해방되던 날 최 참판네 곳간은 열리고
서희는 동네 사람들을 불러 모았다

참새와 허수아비도 덩실덩실
부부 나무도 흔들흔들 춤추고

_「허수아비와 춤을」 전문

 다른 시 모래 위에 새가 지나간 발자국을 디카로 포획한 〈남기고 지우는 것들〉에서 시인은 "새는 살아서 발자국을 남기고/ 파도는 살아서 발자국을 지운다/ 그럼 난 무얼 남기고 지울까"라고 언술한다. 언술 내용을 통해 독자들은 시인의 사유와 지적 역량, 그리고 미적 감각을 알아차릴 수 있을 것이다.

 「날개」는 날개 모양의 바위를 날개로 상상한 것이다. 유사성의 원리를 적용한 것이다. 이미 앞에서 언급했듯 시의 원리는 유사성의 원리며, 이 시의 원리를 김선미는 잘 알고 활용할 줄 안다. 시인은 이 사진에 "세상에 두려움과 아픔이 있다면 내게로 오세요/ 때로는 밝음보다 어두움이 필요할 때/ 그댈 위해 밤새 날개깃을 키웠어요"라고 언술한다.

 「아침 밥상」은 몽돌해변으로 쳐들어오는 파도와 물거품 사진이다. "곱게 차린 밥상을/ 파도가 한 입 베어 물려고/ 쿠르르 달려온다"는 표현이 감각적이다. 거대한 바다 풍경을 밥상이라는 밥상이라는 작은 풍경으로 축소한다. 제재의 축소와 과장은 중요한 문장의 중요한 수사법이며 이것도 사물을 보는 감각 없이는 불가능하다.

5.

 지금까지 구도가 잘 잡히고 색감이 아름다워 독자를 매혹 시키는 디카 사진과 쉬운 언술이 매력적인 김선미 시인의 디카시를 사진 제재를 중심으로 동물, 식물, 무생물로 유형화해서 살펴보았다. 동물에서는 마주 서 있는 비둘기 한 쌍을 디카로 잡은 「그럴까」와 아래위로 나란히 날고 있는 갈매기를 디카로 잡은 「동반자」를 언급했다.
 두 번째로 가장 많은 시의 제재로 포획한 식물에서는 측백나무 열매 일곱 개를 디카로 잡은 「북두칠성」을, 망사버섯 세 개와 소나무를 디카로 잡은 「세 스님」을 언급했다. 세 번째로 무생물 제재에서는 타원과 둥근 크고 작은 돌 두 개씩 나란히 여섯 쌍을 세워놓은 「여인들」과 서로 재질이 다른 돌이 붙어있는 수석을 디카로 포획한 「메롱」을 언급했다.
 물론 곤충들과 화사한 색감을 보여주는 꽃을 따로 분류해서 언급할 가치가 있는 디카시들이 다수가 있었지만, 지면상 다음 기회에 언급하기로 했다. 뿐만 아니라, 다양한 인물을 다양한 시선으로 포획한 디카시들도 다수 있는데 지면상 언급을 생략했다.
 디카시의 원리는 시의 원리와 사진의 원리, 회화의 원리와 그렇게 많이 다르지 않다고 본다. 묘사와 제목이 시의 성공을 좌우하기 때문이다. 다만, 이들 양식들이 표현 재료가 다르고 표현 방법이 좀 차이가 있을 뿐이라는 생각이다. 김선미 역시 이런 원리를 잘 이해하고 있고, 디카시를 멋지게 구현해내는 시인이다. 순간 포착의 감각과 서정적 언술이 아름답고 매력적인 그의 디카시를 독자들이 만나 잠시나마 행복한 시간을 보내기 바란다.